THIS BO... BELONGS TO:

_ _ _ _ _ _ _ _ _ _ _ _ _

_ _ _ _ _ _ _ _ _ _ _ _ _

Thank You For Buying This Book

We hope that your child enjoys it.
if they do, please don't forget to
Leave an honest review to help others
Find out about the book.
Thank you !

COLOR TEST PAGE

BOOK CONTENT

Coloring Pages
Dot To Dot
Shadow Matching
Word Scrambles
Spot The Difference
Cut And Paste
Tic Tac Toe
Word Searches
Mazes
Crosswords
I Spy & Count

BOO!

SPELS

R.I.P.

DOT TO DOT

☆ Connect the Dots with Numbers   ☆ Color the picture brightly

DOT TO DOT

☆ Connect the Dots with Numbers   ☆ Color the picture brightly

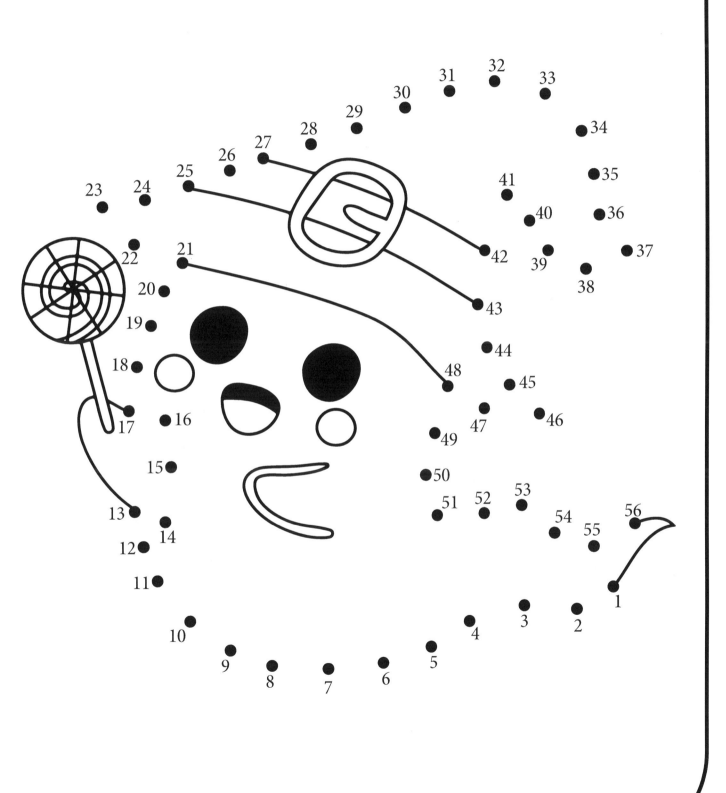

DOT TO DOT

☆ Connect the Dots with Numbers   ☆ Color the picture brightly

DOT TO DOT

☆ Connect the Dots with Numbers   ☆ Color the picture brightly

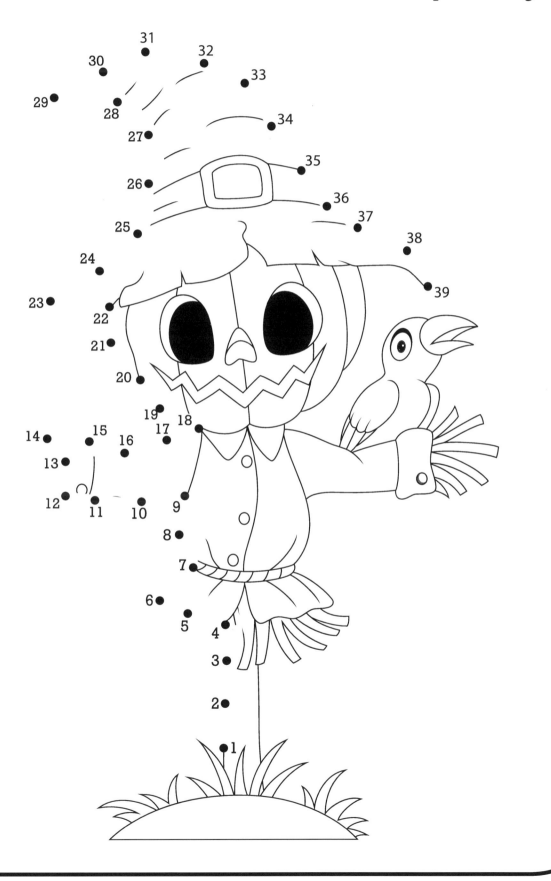

DOT TO DOT

☆ Connect the Dots with Numbers   ☆ Color the picture brightly

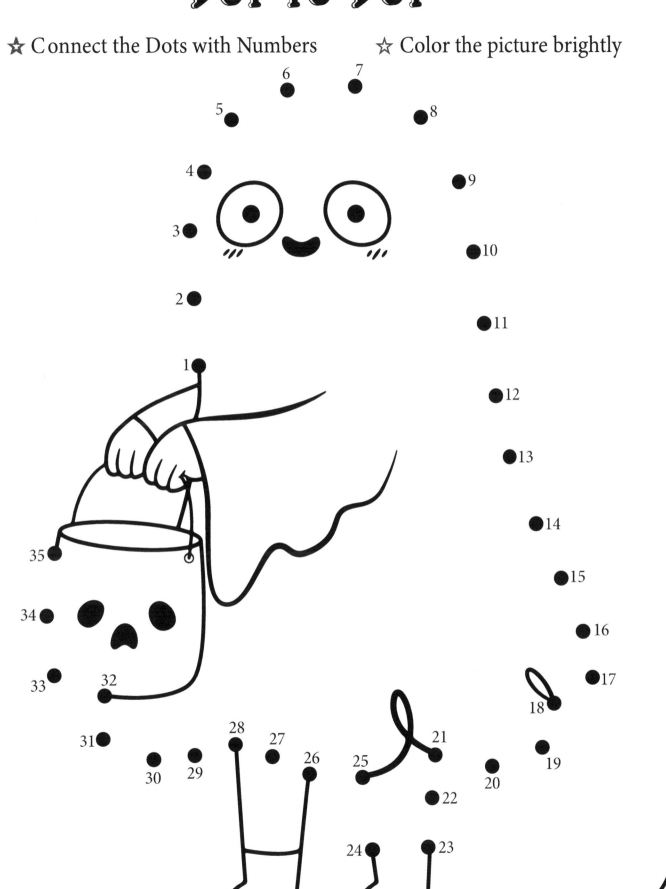

DOT TO DOT

☆ Connect the Dots with Numbers   ☆ Color the picture brightly

DOT TO DOT

☆ Connect the Dots with Numbers   ☆ Color the picture brightly

DOT TO DOT

☆ Connect the Dots with Numbers   ☆ Color the picture brightly

Cut and paste pictures that match shadows

 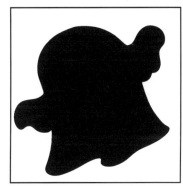 

Cut and paste pictures that match shadows

HALLOWEEN WORD SCRAMBLE 1

1. CAYDN _____

2. RKTIC OR TAERT _____

3. OHNALEEWL _____

4. SELSOKETN _____

5. UGHOL _____

6. LYAEEBLS _____

7. BAT _____

8. YTPRA _____

9. ICWTH _____

10. RPEAIMV _____

HALLOWEEN WORD SCRAMBLE 2

1. MUYMM _____

2. EAPVMIR _____

3. THIONLGOM _____

4. RCAWCROSE _____

5. YERVARGDA _____

6. CFINOF _____

7. UOSCEMT _____

8. ELWFRWOE _____

9. TSNERMO _____

10. CARSY _____

HALLOWEEN WORD SCRAMBLE 3

1. NPPKIMU _____

2. BOLDO _____

3. THOGS _____

4. CUDRONLA _____

5. ROEMTSN _____

6. ONSKTLEE _____

7. LPOPIOLL _____

8. RVAGEDRYA _____

9. MAKS _____

10. MTIBORSCOK _____

SPOT 10 DIFFERENCES

SPOT 10 DIFFERENCES

SPOT 10 DIFFERENCES

Cut and paste the right answer

| 5 | 4 | 8 | 6 | 9 |

Cut and paste the right answer

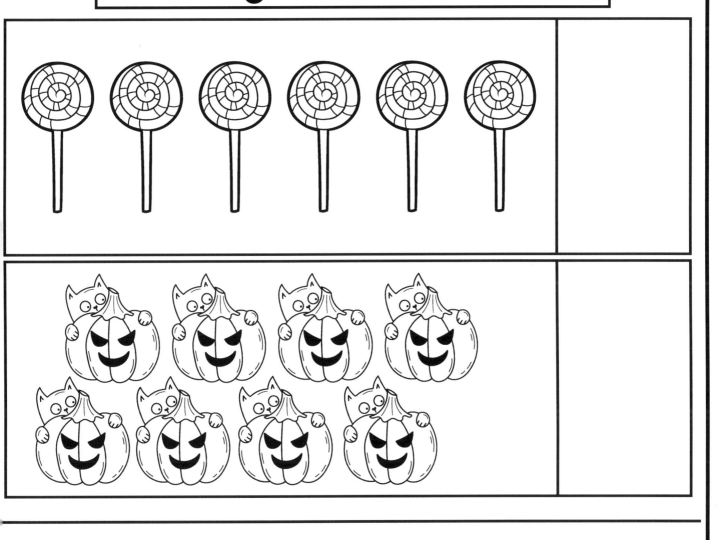

7 4 8 6 9

Cut and paste the right answer

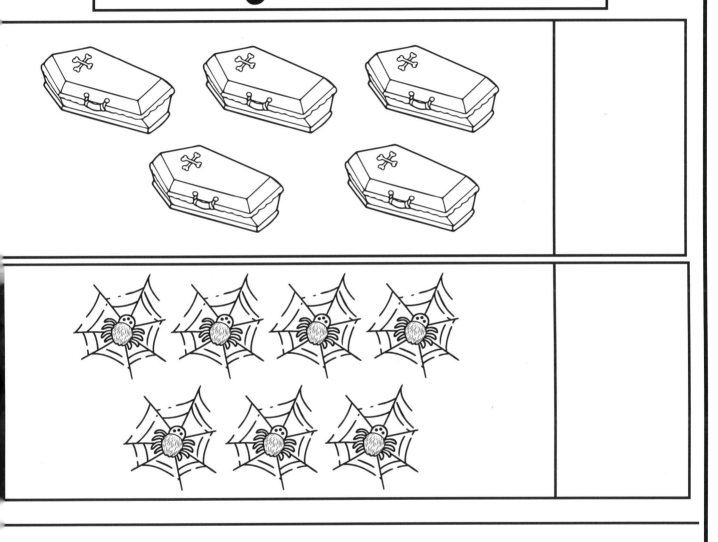

7 4 5 6 9

What picture comes Next ?

What picture comes Next ?

What picture comes Next ?

TIC TAC TOE

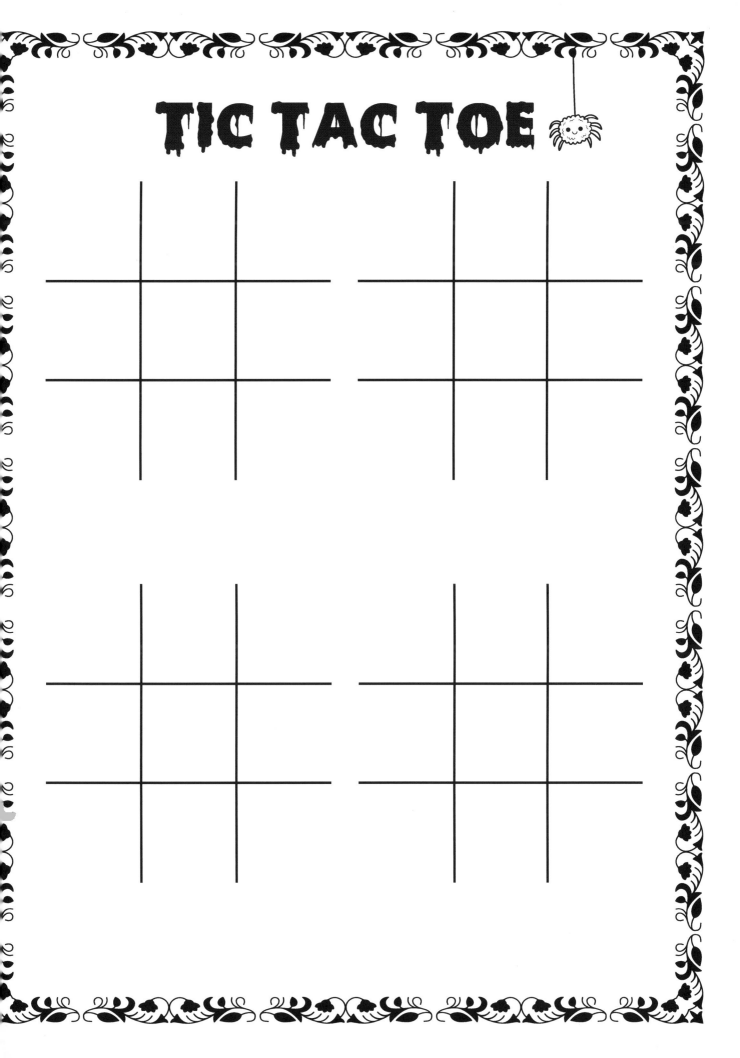

TIC TAC TOE

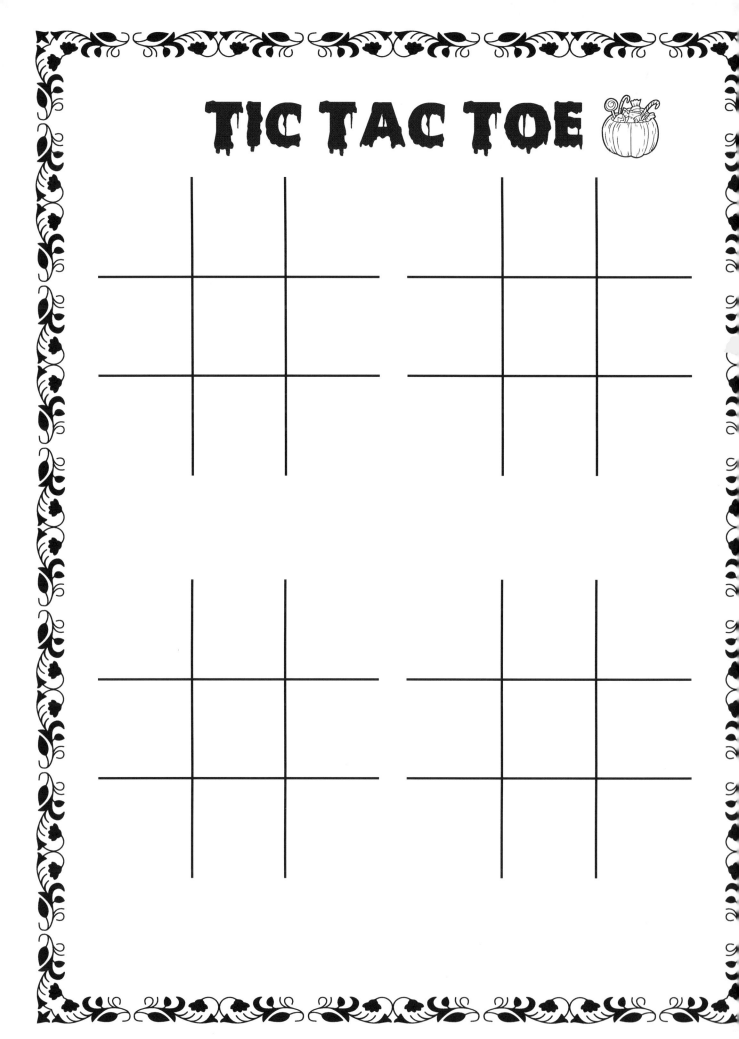

TIC TAC TOE

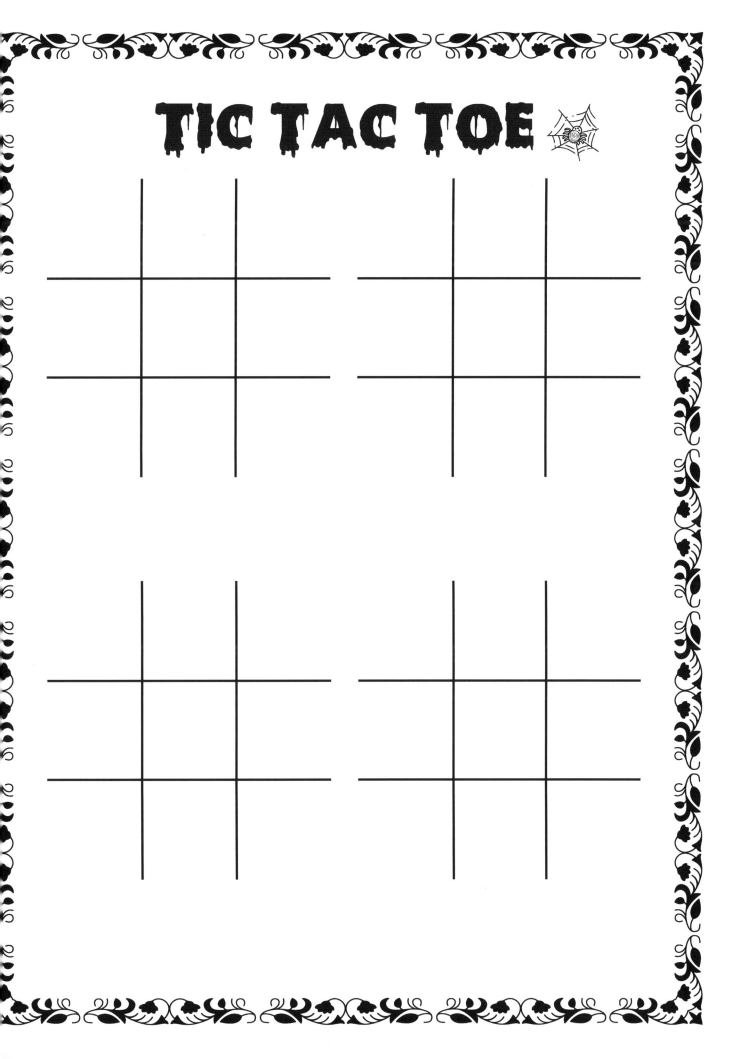

TIC TAC TOE

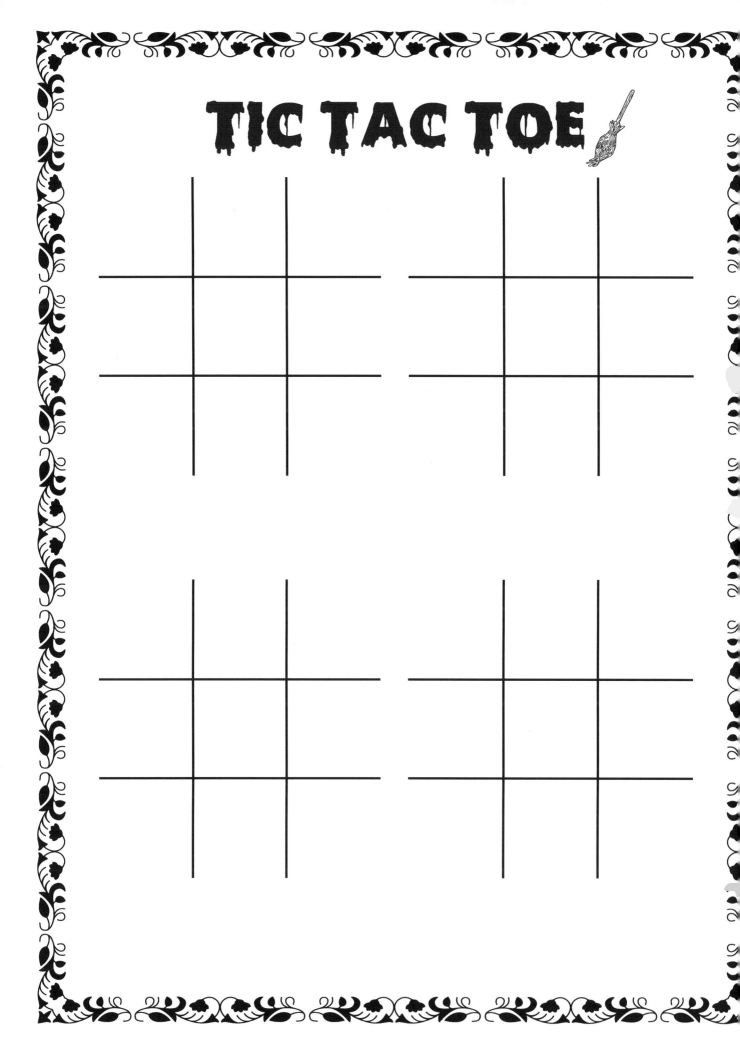

TIC TAC TOE

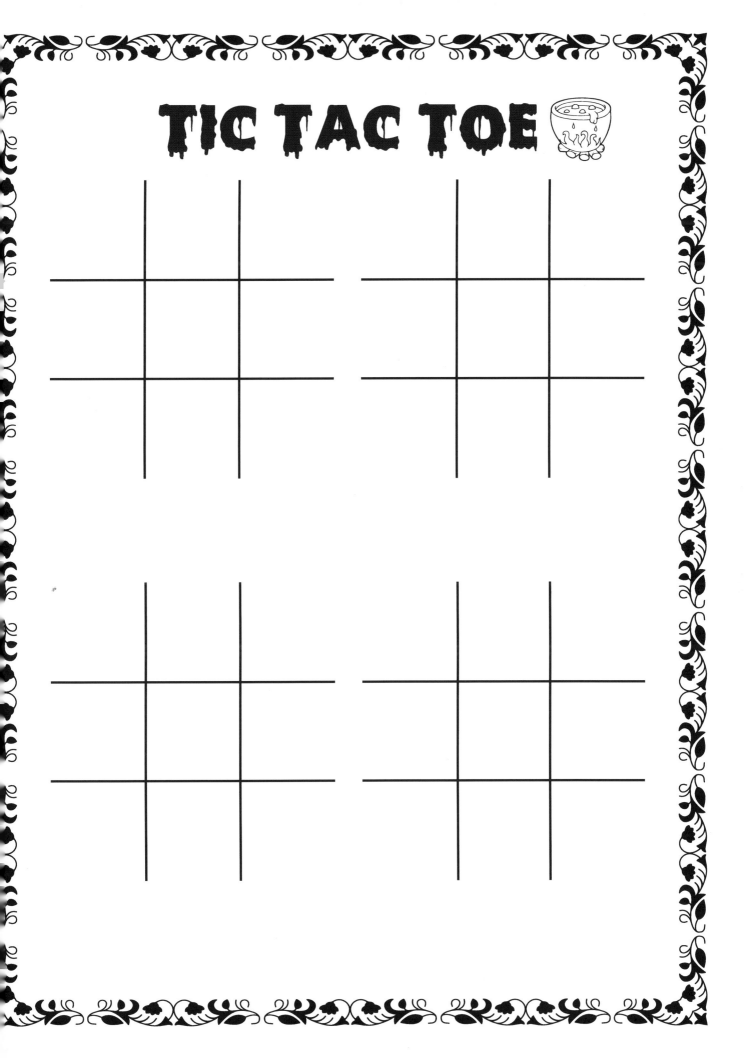

HALLOWEEN WORD SEARCH 1

```
S P Z V O J T G V H N E T J N M B
G C A W X O F R Y K A U I R S H D
F X E W A W G A I O E T X M E R W
W B C A L N W T Z C M S C O A A I
G T O Y M R D W L L K G O O I V T
H L S W E E T S O C Y X L N N E C
E G C R E E P Y Y C N I G H T K H
Q Q F Y C S P I D E R Y E Y K P K
B S F U A C A U L D R O N K P K Y
R H E P T S U B B Z O M B I E R M
O M H S Q Q H J D A S W K G Q B Y
O I O N Y X E F V L T P I C X V F
M E P N H A L L O W E E N Z Q J U
Q W L Z S L S F E E W D T P A W M
W J P D O T M L S U D A R K F R Z
C G H O S T E F L B A H J V E Y D
L U T D Y R O R L L O C W U Z K R
```

Halloween   Cauldron   Monster   Creepy

Zombie   Sweets   Spider   Broom

Witch   Ghost

HALLOWEEN WORD SEARCH 2

```
J A I B V B Y W S X A J F C D L C
C O S T U M E S U B L A C K I L V
I V F A S R L L H S V W S T S D O
E P S Z Z V B G D H M R P G E G L
T R I C K O R T R E A T A J N V N U
F R T A F F Z L O B J C R E U R G
A P X G Y V D E C O R A T I O N S
Q A X A Y M V D R M S G Z Y A I P
V J N P T N B Z H A C K H V G W P
P V F I U R R J P K A J J S H J W
V C P C G M L X Z W R F K H O R I
H P C U A H P G H E Y T Q J U O R
U C W T R N T K A L T T L U L L
N M M X B P D V I R K M Z S B B X
S Q P M M S L L M H N W E S F H
Z R G B W L K E E E X E B D L I S
T Z S Y X R L A I Y L Y Q R S Z G
```

Ghoul	Candle	trick or treat
decorations	costumes	pumpkin
purple	black	night
scary		

HALLOWEEN WORD SEARCH 3

```
Z E V D Y W S M D G Y C T G E Y U
H L Y V T M A Z Q G R A O L D R A
J Q J Z M T G N Z J L B V H U R O
Z V W C F H Y E D M M T G A C Y E
I C H Z E T A Q M Z M W G X N I W
R E O N T S K E L E T O N P O Y L
O S G Y T K U G I E B N O B M H H
H Q P A Z E K X K I Z D G M Z H H
Y R A I T H H K X G M M Y F X V D
A N S U D T U O M M U W F I J T J
X E Q O H E V W Z O A J A J B H W
K C J D U D R E Q X O L U Y U W H
W V V T V C V B X L Z N F X X I F
V Q W V C P S S V V P M T I L Z M
C I I I Q H A Y S P X H A T E A N
A A N Z K U Z A A U R U I F O R Z
Y K T Z P A R T Y T J M N B C W D U
```

Wand   Moon   Hat   Cat

Wizard   skeleton   spider   party

alfie   webs

HALLOWEEN WORD SEARCH 4

```
A O D Q A E E V U D K A N L U C T
C Z E B M S R V D C Y I N B A T X
N G E E J W B E Q C L D O B R D E
V P B A B O N Y Z R L O E A U Y B
P L S K U C L E N R Q M W A A E O
D I F N A T I B Q Y T N K N T I D
E K X T L O S A O H B E Q N S H X
N S E Z Q B U L N Y X L I B C T U
I W E U W E U L H Y G P O Y I H B
D W Y Q P R S C A R E C R O W P Q
C A E J R D F G Y Y H D T Y D A J
M R K R N T B C W E R F A C S R Q
U X J H E P U G C W N T V R R T B
M V P L U W W V G A J Q K C K Y P
M D Z C Z Q O D F O Y I G Q Q F Z
M T R A M H I L L W M L W B V W T
N U X Z N Y J Z F G G I D N H X M
```

Party   Scarecrow   Werewolf   Bat

Dark  eyeball   october   clowns

blood   death

HALLOWEEN WORD SEARCH 5

```
R I T O T K A N V Z K 3 N Y D N W
1 T E C N I R P M F H B F B E P A
V D 3 Y N W F A D 3 Z E 1 K K W P
H C S N O I T A R O C E D N C E R
V B W F K 1 V A M P I R E I I T I
E D I M A F T H K H H V P F W R H
C C N B I T H H R W 1 I P E 1 Z 3
Z V E W C E S O E N P 1 H W S C I
T Z 1 S B Z H 3 N 3 Z H F V 3 T K
N W Z R E O E H P K 1 Y H T P R 1
D C C Y V D E H T N A S B E N C H
N P R F N T P K 3 H C Z T S N 1 Y
E T A A C I M K O O Z M D A O P D
P H Z Z Z F 3 F F Z T N F N W W N
R W M I I Y S F K W B 1 N 1 Y 1 A
E S H 1 T R I W H Z C O R H W I C
H M I I C N E Y A K E B O C 3 E W
```

Coffin
decorations
knife
boo

Wicked
the 31st
crazy

Prince

vampire
candy

HALLOWEEN MAZE 1

HALLOWEEN MAZE 2

HALLOWEEN MAZE 3

HALLOWEEN MAZE 4

HALLOWEEN MAZE 5

HALLOWEEN CROSSWORD 1

Across

6. they cannot touch light

8. you dress up

10. they fly on brooms

11. they eat brains

12. they grow pumpkins

Down

1. A carved pumpkin with a candle inside

2. you wear this to keep warm

3. they fall from trees

4. you yell this to get candy

5. you carve them

7. you jump in this

9. they live in caves

HALLOWEEN CROSSWORD 2

Across
1. What months is it?
6. Trick or…
8. the body dead
10. ghouls and

_____

11. a mythical floating object
12. grave markers

Down
2. A crazy green monster made in a lab
3. inside your body (bones)

4. A vegetable carve and leave outside their houses
5. scary
7. The Opposite of God
9. a gummy type of sweet

HALLOWEEN CROSSWORD 3

Across

2. people are dying to get there

6. all dressed up in a _____ for trick or treat

8. bag of bones

9. sweet treats

11. web dweller

12. they will suck your blood

Down

1. What witches boil their potions in

3. ghostly abide

4. _____ patch

5. he made me do it

7. not a mouse

10. where spiders abide

HALLOWEEN CROSSWORD 4

Across
2. where zombies live
4. Rides a broom, and has a black cat
6. October 31
8. a witch's companion
10. It's big and orange.
11. 8 legs and really scary
12. a spooky floating creature

Down
1. spooky, scary, house, people go for fun
3. Where a vampire sleeps
5. famous movie with a green slimy ghost
7. sucks blood and turns into a bat
9. Snickers, Twix and Skittles

HALLOWEEN CROSSWORD 5

Across

2. It's a terrified house

6. It's an animal that eats mosquitos

7. It's an animal that does webs

9. people dress up in

11. built by a scientist and green

12. Your head's bone

Down

1. wrapped in toilet paper

3. It's an animal that has seven lifes.

4. It doesn't like birds

5. He eats blood

8. something a ghost says

10. You wear this to cover your face

I spy & Count it

I spy & Count it

Solutions :

HALLOWEEN WORD SCRAMBLE 1

1. CAYDN <u>candy</u>
2. RKTIC OR TAERT <u>trick or treat</u>
3. OHNALEEWL <u>halloween</u>
4. SELSOKETN <u>skeletons</u>
5. UGHOL <u>ghoul</u>
6. LYAEEBLS <u>eyeballs</u>
7. BAT <u>bat</u>
8. YTPRA <u>party</u>
9. ICWTH <u>witch</u>
10. RPEAIMV <u>vampire</u>

HALLOWEEN WORD SCRAMBLE 2

1. MUYMM <u>mummy</u>
2. EAPVMIR <u>vampire</u>
3. THIONLGOM <u>moonlight</u>
4. RCAWCROSE <u>scarecrow</u>
5. YERVARGDA <u>graveyard</u>
6. CFINOF <u>coffin</u>
7. UOSCEMT <u>costume</u>
8. ELWFRWOE <u>werewolf</u>
9. TSNERMO <u>monster</u>
10. CARSY <u>scary</u>

HALLOWEEN WORD SCRAMBLE 3

1. NPPKIMU <u>pumpkin</u>
2. BOLDO <u>blood</u>
3. THOGS <u>ghost</u>
4. CUDRONLA <u>cauldron</u>
5. ROEMTSN <u>monster</u>
6. ONSKTLEE <u>skeleton</u>
7. LPOPIOLL <u>lollipop</u>
8. RVAGEDRYA <u>graveyard</u>
9. MAKS <u>mask</u>
10. MTIBORSCOK <u>broomstick</u>

HALLOWEEN WORD SEARCH 1

```
S  P  Z  V  O  J  T  G  V  H  N  E  T  J  N  M  B
G  C  A  W  X  O  F  R  Y  K  A  U  I  R  S  H  D
F  X  E  W  A  W  G  A  I  O  E  T  X  M  E  R  W
W  B  C  A  L  N  W  T  Z  C  M  S  C  O  A  A  I
G  T  O  Y  M  R  D  W  L  L  K  G  O  O  I  V  T
H  L  S  W  E  E  T  S  O  C  Y  X  L  N  N  E  C
E  G  C  R  E  E  P  Y  C  N  I  G  H  T  K  H
Q  Q  F  Y  C  S  P  I  D  E  R  Y  E  Y  E  P  K
B  S  F  U  A  C  A  U  L  D  R  O  N  K  P  K  Y
R  H  E  P  T  S  U  B  B  Z  O  M  B  I  E  R  M
O  M  H  S  Q  Q  H  J  D  A  S  W  K  G  Q  B  Y
O  I  O  N  Y  X  E  F  V  L  T  P  I  C  X  V  F
M  E  P  N  H  A  L  L  O  W  E  E  N  Z  Q  J  U
Q  W  L  Z  S  L  S  F  E  E  W  D  T  P  A  W  M
W  J  P  D  O  T  M  L  S  U  D  A  R  K  F  R  Z
C  G  H  O  S  T  E  F  L  B  A  H  J  V  E  Y  D
L  U  T  D  Y  R  O  R  L  L  O  C  W  U  Z  K  R
```

Halloween   Cauldron   Monster   Creepy

Zombie   Sweets   Spider   Broom

Witch   Ghost

HALLOWEEN WORD SEARCH 2

```
J  A  I  B  V  B  Y  W  S  X  A  J  F  C  D  L  C
C  O  S  T  U  M  E  S  U  B  L  A  C  K  I  L  V
I  V  F  A  S  R  L  L  H  S  V  W  S  T  S  D  O
E  P  S  Z  Z  V  B  G  D  H  M  R  P  G  E  G  L
T  R  I  C  K  O  R  T  R  E  A  T  J  N  V  N  U
F  R  T  A  F  F  Z  L  O  B  J  C  R  E  U  R  G
A  P  X  G  Y  V  D  E  C  O  R  A  T  I  O  N  S
Q  A  X  A  Y  M  V  D  R  M  S  G  Z  Y  A  I  P
V  J  N  P  T  N  B  Z  H  A  C  K  H  V  G  W  P
P  V  F  I  U  R  R  J  P  K  A  J  J  S  H  J  W
V  C  P  C  G  M  L  X  Z  W  R  F  K  H  O  R  I
H  P  C  U  A  H  P  G  H  E  Y  T  Q  J  U  O  R
U  C  W  T  R  N  T  K  A  L  T  T  L  U  L  L  L
N  M  M  X  B  P  D  V  I  R  K  M  Z  S  B  B  X
S  Q  P  M  M  S  L  L  M  N  H  N  W  E  S  F  H
Z  R  G  B  W  L  K  E  E  E  X  E  B  D  L  I  S
T  Z  S  Y  X  R  L  A  I  Y  L  Y  Q  R  S  Z  G
```

Ghoul   Candle   trick or treat

decorations   costumes   pumpkin

purple   black   night

scary

HALLOWEEN WORD SEARCH 3

```
Z E V D Y W S M D G Y C T G E Y U
H L Y V T M A Z Q G R A O L D R A
J Q J Z M T G N Z J L B V H U R O
Z V W C F H Y E D M M T G A C Y E
I C H Z E T A Q M Z M W G X N I W
R E O N T S K E L E T O N P O Y L
O S G Y T K U G I E B N O B M H H
H Q P A Z E K X K I Z K D M M Z W
Y R A I T H H K X G M M Y F X V D
A N S U D T U O M M U W F I J T J
X E Q O H E V W Z O A J A J B H W
K C J D U D R E Q X O L U U U W H
W V V T V C V B X L Z N F X X I F
V Q W V C P S S V V P M T I L Z M
C I I I Q H A Y S P X H A T E A N
A A N Z K U Z A A U R U I F O R Z
Y K T Z P A R T Y J M N B C W D U
```

Wand	Moon	Hat	Cat
Wizard	skeleton	spider	party
alfie	webs		

HALLOWEEN WORD SEARCH 4

```
A O D Q A E E V U D K A N L U C T
C Z E B M S R V D C Y I N B A T X
N G E E J W B E Q C L D O B R D E
V P B A B O N Y Z R L O E A U Y B
P L S K U C L E N R Q M W A A E O
D I F N A T I B Q Y T N K N T I D
E K X T L O S A O H B E Q N S H X
N S E Z Q B U L N Y X L I B C T U
I W E U W E U L H Y G P O Y I H B
D W Y Q P R S C A R E C R O W P Q
C A E J R D F G Y Y H D T Y D A J
M R K R N T B C W E R F A C S R Q
U X J H E P U G C W N T V R R T B
M V P L U W W V G A J Q K C K Y P
M D Z C Z Q O D F O Y I G Q Q F Z
M T R A M H I L L W L W B V W T
N U X Z N Y J Z F G G I D N H X M
```

Party   Scarecrow   Werewolf   Bat

Dark   eyeball   october   clowns

blood   death

HALLOWEEN WORD SEARCH 5

```
R I T O T K A N V Z K 3 N Y D N W
1 T E C N I R P M F H B F B E P A
V D 3 Y N W F A D 3 Z E 1 K K W P
H C S N O I T A R O C E D N C E R
V B W F K 1 V A M P I R E I I T I
E D I M A F T H K H H V P F W R H
C C N B I T H H R W 1 I P E 1 Z 3
Z V E W C E S O E N P 1 H W S C I
T Z 1 S B Z H 3 N 3 Z H F V 3 T K
N W Z R E O E H P K 1 Y H T P R 1
D C C Y V D E H T N A S B E N C H
N P R F N T P K 3 H C Z T S N 1 Y
E T A A C I M K O O Z M D A O P D
P H Z Z Z F 3 F F Z T N F N W W N
R W M I I Y S F K W B 1 N 1 Y 1 A
E S H 1 T R I W H Z C O R H W I C
H M I I C N E Y A K E B O C 3 E W
```

Coffin	Wicked	Prince
decorations	the 31st	vampire
knife	crazy	candy
boo		

HALLOWEEN MAZE 1

HALLOWEEN MAZE 2

HALLOWEEN MAZE 3

HALLOWEEN
MAZE 4

HALLOWEEN
MAZE 5

HALLOWEEN CROSSWORD 1

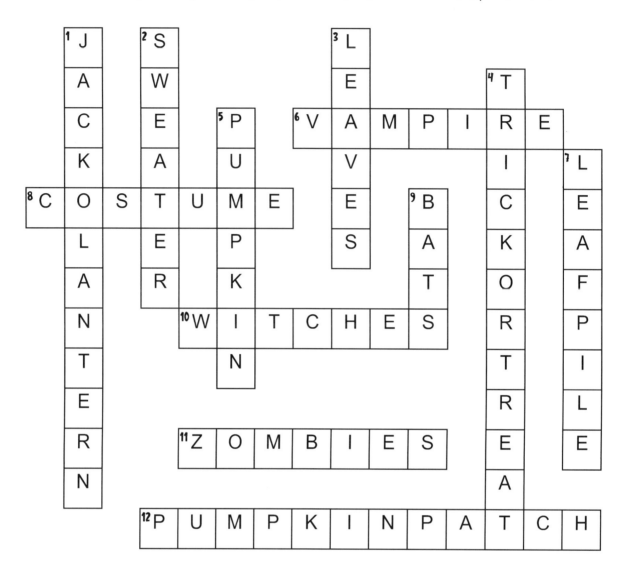

Across

6. they cannot touch light
8. you dress up
10. they fly on brooms
11. they eat brains
12. they grow pumpkins

Down

1. A carved pumpkin with a candle inside
2. you wear this to keep warm
3. they fall from trees

4. you yell this to get candy
5. you carve them
7. you jump in this
9. they live in caves

HALLOWEEN CROSSWORD 2

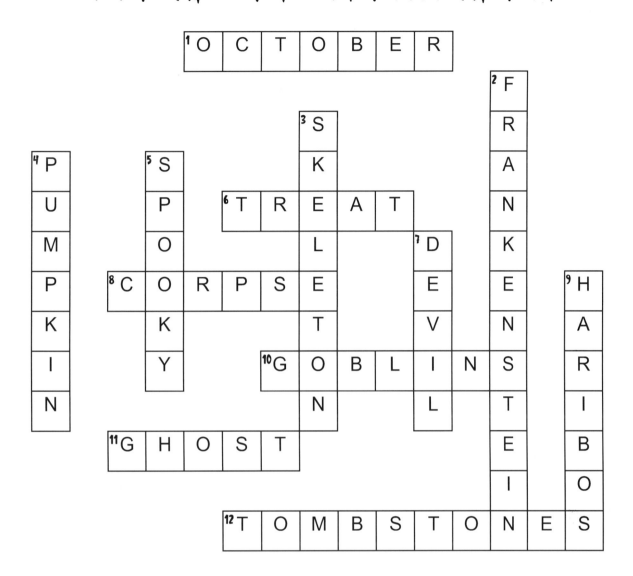

Across
1. What months is it?
6. Trick or...
8. the body dead
10. ghouls and _____

11. a mythical floating object
12. grave markers

Down
2. A crazy green monster made in a lab
3. inside your body (bones)

4. A vegetable carve and leave outside their houses
5. scary
7. The Opposite of God
9. a gummy type of sweet

HALLOWEEN CROSSWORD 3

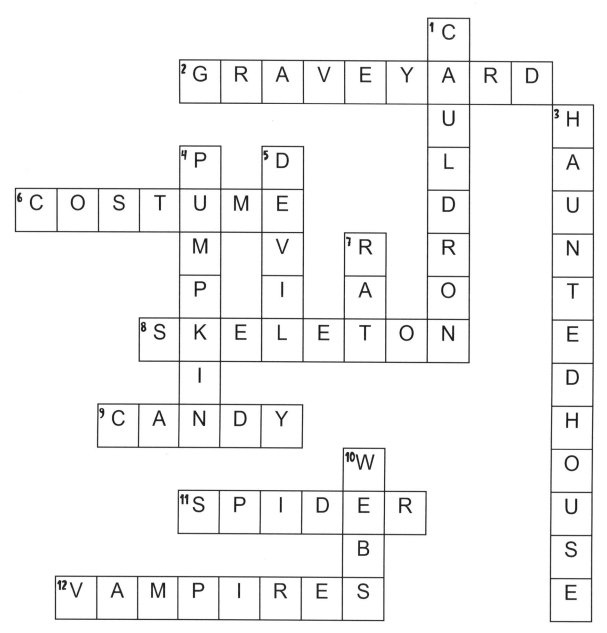

Across

2. people are dying to get there

6. all dressed up in a _____ for trick or treat

8. bag of bones

9. sweet treats

11. web dweller

12. they will suck your blood

Down

1. What witches boil their potions in

3. ghostly abide

4. _____ patch

5. he made me do it

7. not a mouse

10. where spiders abide

HALLOWEEN CROSSWORD 4

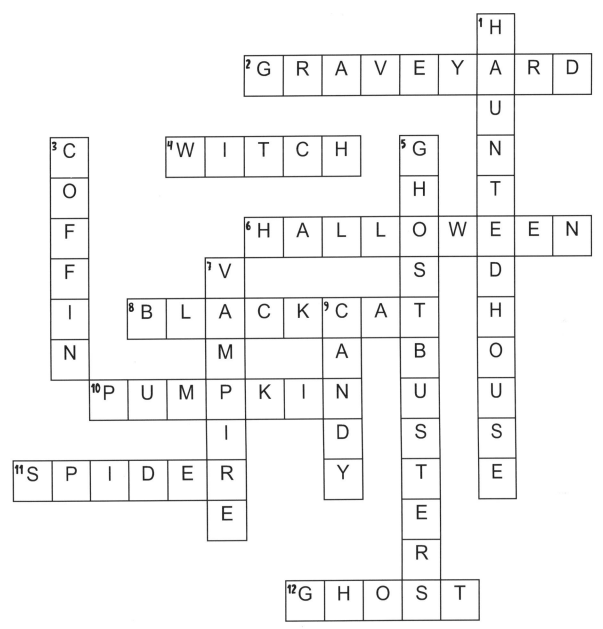

Across
2. where zombies live
4. Rides a broom, and has a black cat
6. October 31
8. a witch's companion
10. It's big and orange.

11. 8 legs and really scary
12. a spooky floating creature

Down
1. spooky, scary, house, people go for fun
3. Where a vampire sleeps

5. famous movie with a green slimy ghost
7. sucks blood and turns into a bat
9. Snickers, Twix and Skittles

HALLOWEEN CROSSWORD 5

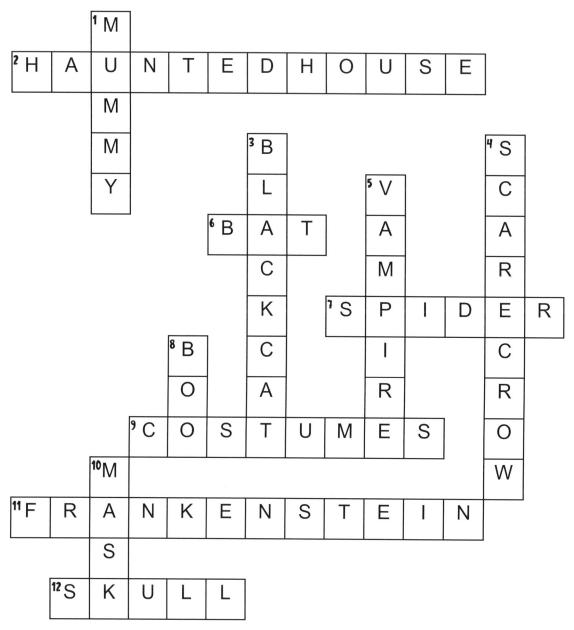

Across

2. It's a terrified house

6. It's an animal that eats mosquitos

7. It's an animal that does webs

9. people dress up in

11. built by a scientist and green

12. Your head's bone

Down

1. wrapped in toilet paper

3. It's an animal that has seven lifes.

4. It doesn't like birds

5. He eats blood

8. something a ghost says

10. You wear this to cover your face

Made in United States
Orlando, FL
27 September 2024